Quero rezar

Orações do cristão

Com carinho para você

Rezar
é dialogar com Deus.
Ele conhece nosso coração
e nossos pensamentos
e sabe o que precisamos.

Sentimos uma profunda paz e felicidade após uma boa conversa com Deus. É como se encontrássemos um grande amigo depois de muito tempo!

Pelo sinal da santa cruz,
livrai-nos Deus,
nosso Senhor,
dos nossos inimigos.
Em nome do Pai,
do Filho e do Espírito Santo.
Amém.

Oração do amanhecer

Senhor, no silêncio deste dia que amanhece, venho pedir-vos a paz, a sabedoria, a força. Quero olhar, hoje o mundo com olhos cheios de amor ser paciente, compreensivo, manso e prudente; ver, além das aparências vossos filhos como vós mesmo os vedes e, assim, não ver senão o bem em cada um. Fechai meus ouvidos a toda calúnia. Guardai minha língua de toda maldade. Que só de bênçãos se encha meu espírito. Que eu seja tão bondoso e alegre que todos quantos se achegarem a mim sintam vossa presença. Revesti-me de vossa beleza, Senhor, e que, no decurso deste dia, eu vos revele a todos. Amém.

Adoro-vos

Adoro-vos, meu Deus, e vos amo de todo o meu coração. Agradeço-vos por me terdes criado, feito cristão, conservado nesta noite. Ofereço-vos as ações deste dia; fazei com que sejam todas segundo a vossa santa vontade e para a vossa maior glória. Preservai-me do pecado e de todo mal. Que a vossa graça esteja sempre comigo e com todos os meus caros. Amém.

Pai-Nosso

Pai nosso que estais nos céus, santificado seja o vosso nome, venha a nós o vosso Reino, seja feita a vossa vontade, assim na terra como no céu; o pão nosso de cada dia nos dai hoje, perdoai-nos as nossas ofensas, assim como nós perdoamos a quem nos tem ofendido, e não nos deixeis cair em tentação, mas livrai-nos do mal. Amém.

Ave-Maria

Ave, Maria, cheia de graça, o Senhor é convosco; bendita sois vós entre as mulheres e bendito é o fruto do vosso ventre, Jesus. Santa Maria, Mãe de

Deus, rogai por nós, pecadores, agora e na hora de nossa morte. Amém.

Glória

Glória ao Pai, ao Filho e ao Espírito Santo. Como era no princípio, agora e sempre. Amém.

Creio

Creio em Deus Pai todo-poderoso, criador do céu e da terra. E em Jesus Cristo, seu único Filho, nosso Senhor, que foi concebido pelo poder do Espírito Santo; nasceu da Virgem Maria; padeceu sob Pôncio Pilatos, foi crucificado, morto e sepultado; desceu à mansão dos mortos; ressuscitou ao terceiro dia; subiu aos céus, está sentado à direita de Deus Pai todo-poderoso, donde há de vir julgar os vivos e os mortos.

Creio no Espírito Santo, na santa Igreja Católica, na comunhão dos santos, na remissão dos pecados, na ressurreição da carne, na vida eterna. Amém.

Salve Rainha

Salve, Rainha, Mãe de misericórdia, vida, doçura, esperança nossa, salve! A vós bradamos os degredados filhos de Eva, a vós suspiramos, gemendo e chorando neste vale de lágrimas. Eia, pois, Advogada nossa, esses vossos olhos misericordiosos a nós volvei;

e depois deste desterro mostrai-nos Jesus, bendito fruto de vosso ventre, ó clemente, ó piedosa, ó doce sempre Virgem Maria.
Rogai por nós, Santa Mãe de Deus!
Para que sejamos dignos das promessas de Cristo.

Ato de fé

Eu creio firmemente que há um só Deus em três pessoas realmente distintas, Pai, Filho e Espírito Santo. Creio que o Filho de Deus se fez homem, padeceu e morreu na cruz para nos salvar, e ao terceiro dia ressuscitou. Creio em tudo mais que crê e ensina a Igreja Católica, Apostólica, Romana, porque Deus, verdade infalível, lho revelou. Nesta crença quero viver e morrer.

Ato de esperança

Eu espero, meu Deus, com firme confiança, que pelos merecimentos de nosso Senhor Jesus Cristo, me dareis a salvação eterna e as graças necessárias para consegui-la, porque vós, sumamente bom e poderoso, o havia prometido a quem observar os mandamentos e o Evangelho de Jesus, como eu proponho fazer com o vosso auxílio.

Ato de caridade

Eu vos amo, ó meu Deus, de todo o meu coração e sobre todas as coisas, porque sois infinitamente amável e bom, e antes quero perder tudo de que vos ofender. Por amor de vós, amo ao meu próximo como a mim mesmo e perdoo as ofenças recebidas. Senhor, fazei que eu vos ame sempre mais!

Saudação a Nossa Senhora

— O Anjo do Senhor anunciou a Maria.
— E ela concebeu do Espírito Santo.
Ave, Maria...
— Eis aqui a serva do Senhor.
— Faça-se em mim segundo a vossa palavra.

Ave, Maria...
– E o Verbo se fez homem.
– E habitou entre nós.
Ave, Maria...
– Rogai por nós, Santa Mãe de Deus,
– Para que sejamos dignos das promessas de Cristo.

Oremos:
Infundi, Senhor, em nossa alma, a vossa graça, para que, conhecendo pela anunciação do Anjo a encarnação de vosso Filho bem-amado cheguemos, por sua paixão e cruz, à glória da ressurreição. Por nosso Senhor Jesus Cristo, vosso Filho, na unidade do Espírito Santo. Amém.
Glória ao Pai...

Oração para antes de ler a Bíblia

Jesus Mestre, que dissestes: "Onde dois ou mais estiverem reunidos em meu nome, eu aí estarei no meio deles", ficai conosco, aqui reunidos para melhor meditar e comungar com a vossa Palavra. Sois o Mestre e a Verdade: iluminai-nos, para que melhor compreendamos as

Sagradas Escrituras. Sois o Guia e o Caminho: fazei-nos dóceis ao vosso seguimento. Sois a Vida: transformai nosso coração em terra boa, onde a Palavra de Deus produza frutos abundantes de santidade e de apostolado.

Oração para depois de ler a Bíblia

Jesus Mestre, vós dissestes que a vida eterna consiste em conhecer a vós e ao Pai. Derramai sobre nós a abundância do Espírito Santo! Que ele nos ilumine, guie e fortaleça no vosso seguimento, porque sois o único caminho para o Pai. Fazei-nos crescer no vosso amor, para que sejamos, como o apóstolo Paulo, testemu-

nhas vivas do vosso Evangelho. Com Maria, Mãe, Mestra e Rainha dos apóstolos, guardaremos vossa Palavra meditando-a em nosso coração.
Jesus Mestre, Caminho, Verdade e Vida, tende piedade de nós.

Reconciliação

Preparar-se para a confissão

1. Reconhecer os erros.
2. Arrepender-se.
3. Prometer, de verdade, esforçar-se por não mais pecar.
4. Contar os pecados ao padre, acreditando que, por meio dele, recebe-se o perdão.
5. Agradecer e cumprir a penitência que o padre sugerir.

Ao iniciar a confissão, o padre diz: "O Senhor esteja em teu coração e em teus lábios para que confesses bem todos os

pecados. Em nome do Pai, do Filho e do Espírito Santo".
Fazer o sinal da cruz e responder: "Amém".

Dizer os pecados. Depois ouvir com atenção os conselhos do padre, rezar e cumprir o que ele sugeriu como penitência.

Depois da confissão

Agradecer a Deus o perdão dos pecados e rezar:
"Senhor Jesus, quanto sois bom! Tivestes misericórdia de mim e me perdoastes os pecados pelo sacramento da reconciliação".

Ato de contrição

Senhor, eu me arrependo sinceramente de todo mal que pratiquei e do bem que deixei de fazer. Pecando, eu vos ofendi, meu Deus e sumo bem, digno de ser amado sobre todas as coisas.
Prometo firmemente, ajudado pela vossa graça, fazer penitência e fugir às ocasiões de pecar. Amém.

Alma de Cristo

Alma de Cristo, santificai-me.
Corpo de Cristo, salvai-me.
Sangue de Cristo, inebriai-me.
Água do lado de Cristo, lavai-me.
Paixão de Cristo, confortai-me.
Ó bom Jesus, ouvi-me.

Dentro de vossas Chagas, escondei-me.
Não permitais que eu me separe de vós.
Do inimigo maligno, defendei-me.
Na hora da morte, chamai-me,
e mandai-me ir para vós,
para que, com os vossos Santos, vos louve por todos os séculos. Amém.

Hino ao Espírito Santo

Vinde, Santo Espírito,
e do céu mandai luminoso raio.
Vinde, pai dos pobres,
doador dos dons, luz dos corações.
Grande defensor, em nós habitais
e nos confortais.
Na fadiga, pouso; no ardor, brandura;
e na dor, ternura.
Ó luz venturosa, que vossos clarões
encham os corações.
Sem vosso poder em qualquer
vivente nada há de inocente.
Lavai o impuro e regai o seco,
curai o enfermo.

Dobrai a dureza, aquecei o frio,
livrai do desvio.
Aos vossos fiéis, que oram
com vibrantes sons, dai os sete dons.
Dai virtude e prêmio e,
no fim dos dias, eterna alegria.
Amém.

Mistérios do Rosário

Mistérios Gozosos

(segundas-feiras e sábados)

No primeiro mistério, contemplamos o anúncio do Anjo Gabriel a Nossa Senhora de que ela dará à luz um filho, e o chamará de Jesus.

No segundo mistério, contemplamos a visita de Nossa Senhora a sua prima Isabel, que também espera um filho.

No terceiro mistério, contemplamos o nascimento de Jesus, na gruta de Belém.

 No quarto mistério gozoso, contemplamos a apresentação de Jesus no Templo.

 No quinto mistério gozoso, Jesus é encontrado no Templo entre os doutores.

Mistérios Luminosos

(quintas-feiras)

No primeiro mistério, contemplamos o batismo de Jesus nas águas do rio Jordão.

No segundo mistério, contemplamos o primeiro milagre de Jesus, nas bodas de Caná.

No terceiro mistério, contemplamos Jesus, que anuncia o Reino de Deus e convida à conversão.

No quarto mistério, contemplamos a transfiguração de Jesus no Monte Tabor.

No quinto mistério, contemplamos a instituição da Eucaristia.

Mistérios Dolorosos

(terças e sextas-feiras)

No primeiro mistério, contemplamos a agonia de Jesus no Horto das Oliveiras.

No segundo mistério, contemplamos a flagelação de Jesus.

 No terceiro mistério, contemplamos Jesus coroado de espinhos.

 No quarto mistério, contemplamos Jesus carregando a cruz até o Calvário.

 No quinto mistério, contemplamos a crucificação e a morte de Jesus.

Mistérios Gloriosos

(quartas-feiras e domingos)

No primeiro mistério, contemplamos a ressurreição gloriosa de Jesus.

No segundo mistério, contemplamos a ascensão de Jesus aos céus.

No terceiro mistério, contemplamos a vinda do Espírito Santo sobre Maria e os apóstolos, reunidos no Cenáculo.

No quarto mistério, contemplamos a assunção de Maria aos céus.

No quinto mistério, contemplamos a coroação de Maria como Rainha e intercessora nossa junto a seu Filho, Jesus.

Ladainha de Nossa Senhora

Senhor, tende piedade de nós.
Jesus Cristo, tende piedade de nós.
Senhor, tende piedade de nós.
Jesus Cristo, ouvi-nos.
Jesus Cristo, atendei-nos.
Deus, Pai dos Céus,
tende piedade de nós.
Deus Filho, redentor do mundo,
tende piedade de nós.
Deus Espírito Santo,
tende piedade de nós.
Santíssima Trindade,
que sois um só Deus,
tende piedade de nós.
Santa Maria, rogai por nós.

Santa Mãe de Deus, rogai por nós.
Santa Virgem das virgens, rogai por nós.
Mãe de Jesus Cristo, rogai por nós.
Mãe da divina graça, rogai por nós.
Mãe puríssima, rogai por nós.
Mãe castíssima, rogai por nós.
Mãe imaculada, rogai por nós.
Mãe intacta, rogai por nós.
Mãe amável, rogai por nós.
Mãe admirável, rogai por nós.
Mãe do bom conselho, rogai por nós.
Mãe do Criador, rogai por nós.
Mãe do Salvador, rogai por nós.
Mãe da Igreja, rogai por nós.
Virgem prudentíssima, rogai por nós.
Virgem venerável, rogai por nós.
Virgem louvável, rogai por nós.

Virgem poderosa, rogai por nós.
Virgem clemente, rogai por nós.
Virgem fiel, rogai por nós.
Espelho de justiça, rogai por nós.
Sede da sabedoria, rogai por nós.
Causa da nossa alegria, rogai por nós.
Vaso espiritual, rogai por nós.
Vaso honorífico, rogai por nós.
Vaso insigne de devoção, rogai por nós.
Rosa mística, rogai por nós.
Torre de Davi, rogai por nós.
Torre de marfim, rogai por nós.
Casa de ouro, rogai por nós.
Arca da aliança, rogai por nós.
Porta do céu, rogai por nós.
Estrela da manhã, rogai por nós.

Saúde dos enfermos, rogai por nós.
Refúgio dos pecadores, rogai por nós.
Consoladora dos aflitos, rogai por nós.
Auxílio dos cristãos, rogai por nós.
Rainha dos anjos, rogai por nós.
Rainha dos patriarcas, rogai por nós.
Rainha dos profetas, rogai por nós.
Rainha dos apóstolos, rogai por nós.
Rainha dos mártires, rogai por nós.
Rainha dos confessores, rogai por nós.
Rainha das virgens, rogai por nós.
Rainha de todos os santos, rogai por nós.
Rainha concebida sem pecado original, rogai por nós.
Rainha assunta ao céu, rogai por nós.
Rainha do santo rosário, rogai por nós.

Rainha das famílias, rogai por nós.
Rainha da paz rogai por nós.

Cordeiro de Deus, que tirais os pecados do mundo, perdoai-nos, Senhor.
Cordeiro de Deus, que tirais os pecados do mundo, ouvi-nos, Senhor.
Cordeiro de Deus, que tirais os pecados do mundo, tende piedade de nós.

V. Rogai por nós, Santa Mãe de Deus.
R. Para que sejamos dignos das promessas de Cristo.

Oremos:
Senhor Deus, nós vos suplicamos que concedais a vossos servos perpétua

saúde de espírito e de corpo; e que, pela gloriosa intercessão da bem-aventurada sempre Virgem Maria, não esmoreçamos nas tristezas e gozemos sempre da eterna alegria. Por Cristo, nosso Senhor. Amém.

Oração pela família

Que nenhuma família comece
 em qualquer de repente.
Que nenhuma família termine
 por falta de amor.
Que o casal seja um para o outro
 de corpo e de mente.
E que nada no mundo separe
 um casal sonhador.

Que nenhuma família se abrigue
   debaixo da ponte.
Que ninguém interfira no lar
   e na vida dos dois.
Que ninguém os obrigue a viver
   sem nenhum horizonte.
Que eles vivam do ontem, no hoje
   e em função de um depois.

Que a família comece e termine
   sabendo aonde vai.
E que o homem carregue nos ombros
   a graça de um pai.
Que a mulher seja um céu de ternura,
   aconchego e calor.
E que os filhos conheçam a força
   que brota do amor.

Abençoa, Senhor, as famílias. Amém.
Abençoa, Senhor, a minha também!

Que marido e mulher tenham força
de amar sem medida.
Que ninguém vá dormir sem pedir
ou sem dar seu perdão.
Que as crianças aprendam no colo
o sentido da vida.
Que a família celebre a partilha
do abraço e do pão.

Que marido e mulher não se traiam
nem traiam seus filhos.
Que o ciúme não mate a certeza
do amor entre os dois.
Que, no seu firmamento,
a estrela que tem maior brilho

seja a firme esperança de um céu
aqui mesmo e depois.
(Pe. Zezinho, scj, CD Sol nascente, sol poente)

Oração do trabalhador

Jesus, divino operário e amigo dos operários, volvei vosso olhar benigno sobre o mundo do trabalho. Nós vos apresentamos as necessidades dos que trabalham intelectual, moral e materialmente. Bem sabeis como são duros os nossos dias: cheios de canseiras, sofrimentos e explorações. Vede as nossas penas físicas e morais; repeti o brado do vosso coração: "Tenho dó deste povo". E confortai-nos pelos méritos e intercessão de São José, modelo dos operários e trabalhadores.

Dai-nos a sabedoria, a virtude e o amor que vos alentou nas vossas laboriosas jornadas. Inspirai-nos pensamentos de fé, de paz, de moderação e de economia, a fim de procurarmos, com o pão de cada dia, os bens espirituais e o céu. Livrai-nos dos que, com enganos, intentam roubar-nos a fé e a confiança na vossa Providência. Livrai-nos dos exploradores que desconhecem os direitos e a dignidade da pessoa humana. Inspirai leis sociais que estejam de acordo com as encíclicas pontifícias. Fazei com que todos entrem nas organizações cristãs do trabalho. Reinem juntas a caridade e a justiça com a sincera colaboração das classes sociais. Convertei os exploradores do operário pobre. Que todos tenham o vigário de Cristo por mestre da única doutrina social, que assegura ao operário uma gradual e satisfatória melhoria, e o Reino dos céus, herança dos pobres. Amém.

Oração para antes de viajar

Jesus, que sois a Verdade, iluminai-me e protegei-me, para que esta viagem se realize, só e sempre, no vosso amor. Jesus, que sois o Caminho, guiai-me para que, durante esta viagem eu tome decisões acertadas. Jesus, que sois a Vida, sede em toda parte, para mim e para as pessoas que eu encontrar, alegria e salvação. Meu Santo Anjo da Guarda, acompanhai-me e protegei-me. Amém.

Invocação ao Anjo da Guarda

Anjo Santo, meu conselheiro, inspirai-me.
Anjo Santo, meu defensor, protegei-me.
Anjo Santo, meu fiel amigo, pedi por mim.
Anjo Santo, meu consolador,
 fortificai-me.
Anjo Santo, meu irmão, defendei-me.
Anjo Santo, meu mestre, ensinai-me.
Anjo Santo, testemunha de todas as
 minhas ações, purificai-me.
Anjo Santo, meu auxiliar, amparai-me.
Anjo Santo, meu intercessor, falai por mim.
Anjo Santo, meu guia, dirigi-me.
Anjo Santo, minha luz, iluminai-me.
Anjo Santo, a quem Deus encarregou
 de conduzir-me, governai-me.

Oração para obter a saúde

Divino Espírito Santo, Criador e renovador de todas as coisas, vida da minha vida! Com Maria Santíssima, eu vos adoro, agradeço e amo! Vós, que dais vida a todo o universo, conservai em mim a saúde.
Livrai-me de todas as doenças e de todo mal! Ajudado com a vossa graça, quero usar sempre minha saúde, empregando minhas forças para colaborar convosco na construção de um mundo melhor para todos nós.
Peço-vos, ainda, que ilumineis, com vossos dons de sabedoria, os médicos e todos os que se ocupam dos doentes, para que conheçam a verdadeira causa dos males que destroem ou ameaçam

a vida, e possam, também, descobrir e aplicar os remédios mais eficazes para defender a vida e curá-la.
Virgem Santíssima, Mãe da vida e da saúde dos enfermos, sede mediadora nesta minha humilde oração!
Vós que sois a Mãe de Deus e nossa Mãe, intercedei por mim! Amém.

Oração para antes das refeições

Obrigado, Senhor, por estes alimentos que vamos tomar agora. Eles nos sustentarão, dando ao nosso corpo saúde e resistência para o trabalho diário. Que eles sirvam, também, para nos dar disposição em servir aos mais fracos, aos que não têm saúde, aos que precisam de ajuda. Alimentai, Senhor, o nosso espírito para que saibamos usar bem o nosso corpo e, vivendo em comunhão constante com os irmãos e convosco, cheguemos a participar do banquete celeste, preparado por Cristo, nosso Senhor! Amém.

Oração para depois das refeições

Ó Deus, nosso Pai, nós vos damos graças pelo alimento que generosamente nos ofereceis, aqui reunidos em família; concedei que nós também saibamos levar espontaneamente aos irmãos os vossos dons e favores e possamos tomar parte no banquete eterno. Por Cristo, nosso Senhor. Amém.

Orações da noite

Adoro-vos, meu Deus, e vos amo de todo o meu coração. Agradeço-vos por me terdes criado, feito cristão e conservado neste dia. Aceitai o bem que hoje fiz e perdoai-me o mal que, por ventura, tiver praticado. Guardai-me durante o repouso e livrai-me dos perigos. A vossa graça esteja sempre comigo e com todos os meus caros. Amém.
(Pai-Nosso, Ave-Maria, Glória, Salve-Rainha, Anjo de Deus e Exame de consciência.)

Ao Sagrado Coração de Jesus

Lembrai-vos, ó dulcíssimo Jesus, que nunca se ouviu dizer que alguém, recorrendo com confiança ao vosso Sagrado Coração, implorando a vossa divina assistência e reclamando a vossa infinita misericórdia, fosse por vós abandonado. Possuído, pois, e animado da mesma confiança, ó Coração Sagrado de Jesus, rei de todos os corações, recorro a vós, e me prostro diante de vós. Meu Jesus, pelo vosso precioso testemunho de sangue e pelo amor de vosso divino Coração, peço-vos que não desprezeis as minhas súplicas, mas ouvi-as favoravelmente e dignai-vos a atender-me. Amém.

Ladainha do Sagrado Coração de Jesus

Senhor, tende piedade de nós.
Jesus Cristo, tende piedade de nós.
Senhor, tende piedade de nós.
Jesus Cristo, ouvi-nos.
Jesus Cristo, atendei-nos.
Deus, Pai dos céus,
tende piedade de nós.
Deus Filho, redentor do mundo,
   tende piedade de nós.
Deus Espírito Santo,
   tende piedade de nós.
Santíssima Trindade, que sois um só Deus,
   tende piedade de nós.

Coração de Jesus, Filho do Pai eterno,
tende piedade de nós.
Coração de Jesus, formado pelo Espírito Santo no seio da Virgem Mãe,
tende piedade de nós.
Coração de Jesus, unido substancialmente ao Verbo de Deus,
tende piedade de nós.
Coração de Jesus, de infinita majestade,
tende piedade de nós.
Coração de Jesus, templo santo de Deus,
tende piedade de nós.
Coração de Jesus, tabernáculo do Altíssimo,
tende piedade de nós.

Coração de Jesus, casa de Deus
e porta do céu,
tende piedade de nós.
Coração de Jesus, fornalha ardente
de caridade,
tende piedade de nós.
Coração de Jesus, receptáculo
de justiça e de amor,
tende piedade de nós.
Coração de Jesus, cheio de bondade
e de amor,
tende piedade de nós.
Coração de Jesus, abismo de todas
as virtudes,
tende piedade de nós.

Coração de Jesus, digníssimo de todo o louvor,
tende piedade de nós.
Coração de Jesus, rei e centro de todos os corações,
tende piedade de nós.
Coração de Jesus, no qual estão todos os tesouros de sabedoria e ciência,
tende piedade de nós.
Coração de Jesus, no qual habita toda a plenitude da divindade,
tende piedade de nós.
Coração de Jesus, no qual o Pai pôs a sua complacência,
tende piedade de nós.

Coração de Jesus, de cuja plenitude
todos nós participamos,
tende piedade de nós.
Coração de Jesus, desejo
das colinas eternas,
tende piedade de nós.
Coração de Jesus, paciente
e muito misericordioso,
tende piedade de nós.
Coração de Jesus, rico para todos
os que o invocam,
tende piedade de nós.
Coração de Jesus, fonte de vida
e santidade,
tende piedade de nós.

Coração de Jesus, propiciação
pelos pecados,
tende piedade de nós.
Coração de Jesus, saturado de opróbrios,
tende piedade de nós.
Coração de Jesus, atribulado por causa
de nossos crimes,
tende piedade de nós.
Coração de Jesus, obediente
até a morte,
tende piedade de nós.
Coração de Jesus, traspassado
pela lança,
tende piedade de nós.

Coração de Jesus, fonte de toda consolação,
tende piedade de nós.
Coração de Jesus, nossa vida e ressurreição,
tende piedade de nós.
Coração de Jesus, nossa paz e reconciliação,
tende piedade de nós.
Coração de Jesus, vítima dos pecadores,
tende piedade de nós.
Coração de Jesus, salvação dos que esperam em vós,
tende piedade de nós.

Coração de Jesus, esperança dos que expiram em vós,
tende piedade de nós.

Coração de Jesus, delícia de todos os santos,
tende piedade de nós.

Cordeiro de Deus, que tirais os pecados do mundo,
perdoai-nos, Senhor.

Cordeiro de Deus, que tirais os pecados do mundo,
Ouvi-nos, Senhor.

Cordeiro de Deus, que tirais os pecados do mundo,
tende piedade de nós.

Jesus, manso e humilde
de coração,
*fazei nosso coração semelhante
ao vosso.*

Oremos:
Onipotente e eterno Deus, ouvi as nossas preces e concedei-nos o perdão que imploramos de vossa misericórdia em nome de Jesus Cristo, vosso Filho, que, sendo Deus, convosco vive e reina na unidade do Espírito Santo por todos os séculos. Amém.

Consagração a Nossa Senhora Aparecida

Ó Maria Santíssima, pelos méritos de Nosso Senhor Jesus Cristo, em vossa querida imagem de Aparecida, espalhais inúmeros benefícios sobre todo o Brasil. Eu, embora indigno de pertencer ao número de vossos filhos e filhas, mas cheio do desejo de participar dos benefícios de vossa misericórdia, prostrado a vossos pés, consagro-vos o meu entendimento, para que sempre pense no amor que mereceis; consagro-vos a minha língua para que sempre vos louve e propague a vossa devoção; consagro-

-vos o meu coração, para que, depois de Deus, vos ame sobre todas as coisas. Recebei-me, ó Rainha incomparável, vós que o Cristo crucificado deu-nos por Mãe, no ditoso número de vossos filhos e filhas; acolhei-me debaixo de vossa proteção; socorrei-me em todas as minhas necessidades, espirituais e temporais, sobretudo na hora de minha morte.

Abençoai-me, ó celestial cooperadora, e com vossa poderosa intercessão, fortalecei-me em minha fraqueza, a fim de que, servindo-vos fielmente nesta vida, possa louvar-vos, amar-vos e dar-vos graças no céu, por toda eternidade.

Assim seja!

Nossa Senhora
Desatadora de Nós

Ó Virgem Santa Maria, Mãe servidora, que nunca deixais de vir em socorro dos aflitos, porque o Senhor vos encarregou de desatar os nós da vida dos vossos filhos, voltai para mim o vosso olhar compassivo e vede o emaranhado de nós que há em minha vida: no trabalho, na família, nos negócios, no passado e no presente. Por mais que eu tente encontrar soluções, sinto-me sempre no mesmo lugar. Tristeza, angústia e desespero me assaltam todos os dias. Ó Senhora minha, eu me entrego aos

vossos cuidados, porque creio que nada nem ninguém, nem mesmo o maligno, poderá arrancar-me do vosso poderoso amparo. Em vossas mãos, não há nó que não possa ser desfeito nem algema que não possa ser quebrada.

Mãe querida, por vossa graça e pela força da vossa intercessão a vosso Filho Jesus, meu Senhor e libertador, desatai todos os nós que amarram e oprimem a minha vida. E seja assim, para a glória de Deus!

Maria, desatadora de nós, ouvi minha súplica e rogai por mim. Amém.

Nossa Senhora de Fátima

Santíssima Virgem, nos montes de Fátima vos dignastes revelar a três pastorinhos os tesouros de graças contidos na prática do vosso santo rosário. Incuti profundamente em nós o apreço a essa devoção, a vós tão querida, a fim de que, meditando os mistérios da redenção, nos aproveitemos de seus preciosos frutos e alcancemos a graça que vos pedimos, se for para melhor colaborarmos com a glória de Deus, que é a vida em abundância do ser humano. Amém.
(Pai-Nosso, Ave-Maria, Glória)

Nossa Senhora das Graças

Eu vos saúdo, ó Maria, cheia de graça! Das vossas mãos voltadas para o mundo, as graças chovem sobre nós. Nossa Senhora das Graças, vós sabeis quais as graças que são mais necessárias para nós; mas gostaria, de maneira especial, que me concedêsseis esta que vos peço com todo o fervor de minha alma [*fazer o pedido*]. O Pai é todo-poderoso, e vós sois a Mãe de seu Filho. Por isso, Nossa Senhora das Graças, confio e espero alcançar o que vos peço. Amém.

Nossa Senhora de Lourdes

Ó Virgem puríssima, Nossa Senhora de Lourdes, que vos dignastes aparecer a Bernadete, no lugar solitário de uma gruta para nos lembrar de que é no sossego e recolhimento que Deus nos fala e que falamos com ele. Ajudai-nos a encontrar o sossego e a paz da alma que nos ajudam a nos conservarmos sempre unidos a Deus.
Nossa Senhora da gruta, dai-me a graça que vos peço e de que preciso.
Nossa Senhora de Lourdes, rogai por nós. Amém.

Santo Antônio de Pádua

Glorioso Santo Antônio, que tivestes a sublime dita de abraçar e afagar o Menino Jesus, alcançai-me deste mesmo Jesus a graça que vos peço e vos imploro do fundo do meu coração.
Vós que tendes sido tão bondoso para com os pecadores, não olheis para os pecados de quem vos implora, mas antes fazei valer o vosso grande prestígio junto a Deus para atender o meu insistente pedido. Amém.
Santo Antônio, rogai por nós.

São Cristóvão

Ó São Cristóvão, diz a lenda que atravessastes a correnteza furiosa de um rio com toda a firmeza e segurança porque estáveis carregando nos ombros o Menino Jesus.

Fazei com que Deus se sinta sempre bem em meu coração, porque então terei sempre firmeza e segurança no volante do meu carro e enfrentarei corajosamente todas as correntezas que tiver de enfrentar, venham elas das pessoas ou do espírito infernal.

São Cristóvão, rogai por nós.

Santa Edwiges

Vós, Santa Edwiges, fostes na terra amparo dos pobres e desvalidos e socorro dos endividados, e no céu gozais o eterno prêmio da caridade que praticastes. Confiante, vos peço: sede minha advogada para que eu obtenha a graça de [*fazer o pedido*] e, por fim, a graça suprema da salvação eterna. Amém.

Oração a São José

A vós, São José, recorremos em nossa tribulação e, depois de termos implorado o auxílio de vossa santíssima esposa, cheios de confiança solicitamos também o vosso patrocínio.

Por esse laço sagrado de caridade que vos uniu à Virgem Imaculada, Mãe de Deus, e pelo amor paternal que tivestes ao Menino Jesus, ardentemente suplicamos que lanceis um olhar benigno sobre a herança que Jesus Cristo conquistou com seu sangue e nos socorrais em nossas necessidades com o vosso auxílio e poder.

Protegei, ó guarda providente da divina família, toda a raça humana.

Afastai para longe de nós, ó pai amantíssimo, a peste do erro e do vício.

Assisti-nos do alto do céu, ó nosso fortíssimo sustentáculo, na luta contra o poder das trevas e, assim como outrora salvastes da morte a vida ameaçada do Menino Jesus, defendei agora a santa

Igreja de Deus das ciladas de seus inimigos e de toda adversidade.
Amparai cada um de nós com o vosso constante patrocínio, a fim de que, por vosso exemplo e sustentados com o vosso auxílio, possamos viver virtuosamente, morrer piedosamente e obter, no céu, a eterna bem-aventurança. Amém.

São Benedito

Glorioso São Benedito, grande confessor da fé, com toda a confiança venho implorar a vossa valiosa proteção. Vós, a quem Deus enriqueceu com os dons celestes, impetrai-me as graças que ar-

dentemente desejo, para a maior glória de Deus. Confortai o meu coração nos desalentos. Fortificai a minha vontade para cumprir bem os meus deveres. Vinde orientar-me nas horas decisivas da vida. Dai-me confiança nos desânimos e sofrimentos. Sede o meu companheiro nas horas de solidão e desconforto. Assisti-me e guiai-me na vida e na hora da minha morte, para que eu possa bendizer a Deus neste mundo e gozá-lo na eternidade com Jesus Cristo, a quem tanto amastes. Amém.

São Judas Tadeu

São Judas Tadeu, glorioso apóstolo, fiel servo e amigo de Jesus.
A Igreja vos honra e venera por todo o mundo como patrono dos casos desesperados e negócios que não têm remédio. Rogai por mim, que estou assim tão desolado. Eu vos imploro: vinde em meu socorro com vossa intercessão, trazendo ajuda quando a esperança desaparece quase por completo.
Assisti-me nesta minha grande necessidade, para que eu possa receber as consolações e o auxílio do céu em minhas precisões, tribulações e sofrimentos.

Alcançai-me, São Judas, a graça que hoje vos peço... Desde já vos agradeço, bendito São Judas.

E mesmo que não consiga exatamente o que espero, tenho certeza de vossa proteção.

Quero sempre vos honrar como especial e poderoso patrono.

Quero ter também a grande alegria de espalhar a vossa devoção por toda parte.

São Judas, rogai por nós e por todos os que vos honram e invocam o vosso auxílio.

Santo Expedito

Ó Deus, que a intercessão de Santo Expedito nos recomende à vossa divina bondade, a fim de que, pelo seu auxílio, possamos obter aquilo que nossos fracos méritos não podem alcançar.
Nós vos pedimos, Senhor, que orienteis, com a vossa graça, todos os nossos pensamentos, palavras e ações, para que possamos, com coragem, fidelidade e prontidão, em tempo próprio e favorável, levar a bom termo todos os nossos compromissos e alcançarmos a feliz conclusão dos nossos planos.
Por nosso Senhor Jesus Cristo. Amém.

São Sebastião

Onipotente e eterno Deus, que pelos merecimentos de São Sebastião, vosso glorioso mártir, livrastes os vossos fiéis de doenças contagiosas, atendei às nossas humildes súplicas para que, recorrendo agora a vós na nossa necessidade, a fim de alcançar semelhante favor, mereçamos, por sua valiosa intercessão, ser livres do flagelo da peste e de toda moléstia do corpo e da alma. Por Jesus Cristo, Senhor nosso. Amém.

Santa Rita de Cássia

Ó Santa Rita, advogada nas causas urgentes, solução para os problemas insolúveis, socorro nos casos desesperados! Eis, aos vossos pés, uma alma desamparada e amargurada que precisa de vosso auxílio e de vossa proteção. Não permitais que eu tenha de me afastar de vós sem ser atendido.

Ó Santa Rita, intercedei junto a Deus para que ele me conceda a graça de que tanto necessito [*fazer o pedido*].

Ó grande santa, por vosso intermédio, espero tranquilamente receber a graça que peço.

Santa Rita, advogada dos impossíveis, rogai por nós. Amém.

São Francisco de Assis

Ó glorioso São Francisco, nosso grande padroeiro, a vós recorremos atraídos pela doçura de vossa santidade. Protegei-nos e abençoai-nos. Vós que nos ensinastes a procurar neste mundo a perfeita alegria no amor de Deus e do próximo; vós que tanto amastes as pessoas e a natureza, que proclama a glória e a sabedoria do Criador, fazei-nos servir a Deus na alegria, ajudar o próximo o melhor possível, amar até as mais fracas criaturinhas e, com os nossos bons exemplos e boas ações, espalhar em torno de nós os benefícios da fraternidade cristã. Amém.

São Paulo

São Paulo, mestre dos gentios, lançai um olhar de amor sobre o Brasil e sobre todos os que aqui vivem. O vosso coração dilatou-se para acolher e abençoar a todos os povos no suave abraço da paz. E agora, do alto do céu, a caridade de Cristo vos leve a iluminar a todos com a luz do Evangelho e a estabelecer no mundo o reino do amor. Suscitai vocações, confortai os operários da Palavra de Deus, tornai os corações dóceis ao Divino Mestre. Que este grande povo, encontrando cada vez mais em Cristo o Caminho, a Verdade e a Vida, resplandeça ante o mundo e procure sempre o Reino de Deus e a sua justiça. Santo apóstolo, iluminai-nos, confortai-nos e abençoai-nos. Amém.

Os dez mandamentos

1. Amar a Deus sobre todas as coisas.
2. Não invocar o santo nome de Deus em vão.
3. Santificar domingos e festas de guarda.
4. Honrar pai e mãe.
5. Não matar.
6. Guardar castidade nas palavras e nas obras.
7. Não furtar.
8. Não levantar falso testemunho.
9. Guardar castidade nos pensamentos e nos desejos.
10. Não cobiçar as coisas alheias.

Os cinco preceitos da Igreja

1. Participar na missa aos domingos e festas de guarda.
2. Confessar os pecados ao menos uma vez cada ano.
3. Comungar o sacramento da Eucaristia ao menos pela Páscoa.
4. Guardar a abstinência e jejuar nos dias determinados pela Igreja.
5. Contribuir para as necessidades materiais da Igreja, segundo as possibilidades.

Os sacramentos

Batismo
Confirmação (Crisma)

Eucaristia (Comunhão)
Reconciliação (Confissão/Penitência)
Unção dos enfermos
Ordem (Diácono, Presbítero e Bispo)
Matrimônio

Virtudes teologais

Fé, esperança e caridade.

Virtudes cardeais

Prudência, justiça, fortaleza
e temperança.

Obras de misericórdia corporal

Dar de comer aos famintos.
Dar de beber aos sedentos.
Vestir os nus.

Acolher os peregrinos.
Visitar os enfermos.
Visitar os encarcerados.
Sepultar os mortos.

Obras de misericórdia espiritual

Dar bons conselhos.
Ensinar e orientar a quem precisa.
Corrigir com amizade os que erram.
Consolar os aflitos.
Perdoar as ofensas e pedir perdão.
Aceitar as pessoas como elas são.
Rezar pelos vivos e falecidos.

Pecados capitais

Soberba
Avareza

Luxúria
Ira
Gula
Inveja
Preguiça

Salmo 139(138)

Javé, tu me sondas e me conheces. Tu conheces o meu sentar e o meu levantar, de longe penetras o meu pensamento. Examinas o meu andar e o meu deitar, meus caminhos todos são familiares a ti. A palavra ainda não me chegou à língua, e tu, Javé, a conheces inteira. Tu me envolves por detrás e pela frente, e sobre mim colocas a tua mão. É um saber maravilhoso que me ultrapassa, é alto demais: não posso atingi-lo! Para onde irei, longe do teu sopro? Para onde fugirei, longe da tua presença? Se subo ao céu, tu aí estás. Se me deito no abismo, aí te encontro.

Se levanto voo para as margens da aurora, se emigro para os confins do mar, aí me alcançará tua esquerda, e tua direita me sustentará. Se eu digo: "Ao menos as trevas me cubram, e a luz se transforme em noite ao meu redor", mesmo as trevas não são trevas para ti, e a noite é clara como o dia! Sim! pois tu formaste meus rins, tu me teceste no seio materno. Eu te agradeço por tão grande prodígio, e me maravilho com as tuas maravilhas! Conhecias até o fundo de minha alma, e meus ossos não te eram escondidos. Quando eu era formado, em segredo, tecido na terra mais profunda, teus olhos viam as minhas ações e eram todas escritas no teu livro. Os meus dias já estavam calculados, antes mesmo que chegasse o primeiro. Mas, a mim, como são difíceis os teus projetos! Meu Deus, como é grande a soma deles! Se os conto... são mais numerosos que areia! E, ao despertar, ainda estou contigo! Ah! Meu Deus, tu matasses o injusto! Se os assassinos se apartassem de mim! Eles falam de ti com ironia, e em vão se rebelam contra ti! Não odiaria eu aqueles que te odeiam? Não detestaria eu aqueles que se rebelam contra ti? Eu os odeio com ódio implacável! Eu os tenho por meus inimigos! Sonda-me, ó Deus, e conhece o meu coração! Prova-me, e conhece os meus sentimentos! Vê se não ando por um caminho fatal, e conduze-me pelo caminho eterno.

Ámém!

Cadastre-se e receba nossas informações
paulinas.com.br
Telemarketing e SAC: 0800-7010081

Paulinas

Rua Dona Inácia Uchoa, 62
04110-020 – São Paulo – SP (Brasil)
📞 (11) 2125-3500
✉ editora@paulinas.com.br

© Pia Sociedade Filhas de São Paulo – São Paulo, 2016